“中国超级工程丛书”编委

总顾问

聂震宁　陈　云

技术顾问

伍军　焦胜军

总主编

杜彦良

主编

陈　馈　王江卡　周　蓓

执行主编

王志强　秦　阔　任军锋　汪正球　贺维国

执行副主编

范丽华　郭述军　崔　旭　杨沛泓　陈莎莎　吴万军　张爱武　王子星

支持单位

中国中铁股份有限公司
极端环境绿色长寿道路工程全国重点实验室（深圳）
陕西铁路工程职业技术学院
中国交通建设股份有限公司
中国铁建股份有限公司
中国建筑集团有限公司
中国中信集团有限公司
上海国际港务（集团）股份有限公司
上海建工集团股份有限公司
广州港股份有限公司
山东大学
同济大学
广州市城市建设投资集团有限公司
广州市建筑集团有限公司
东南大学校友总会
贵州高速公路集团有限公司
西南交通大学
贵州省公路工程集团有限公司
盾构（上海）教育科技中心
北京嘉合泰兴文化发展有限公司

超级工程

丛书

穿越云海：工程奇迹雅西高速

总顾问　聂震宁　陈　云

总主编　杜彦良

主　编　陈　馈　王江卡　周　蓓

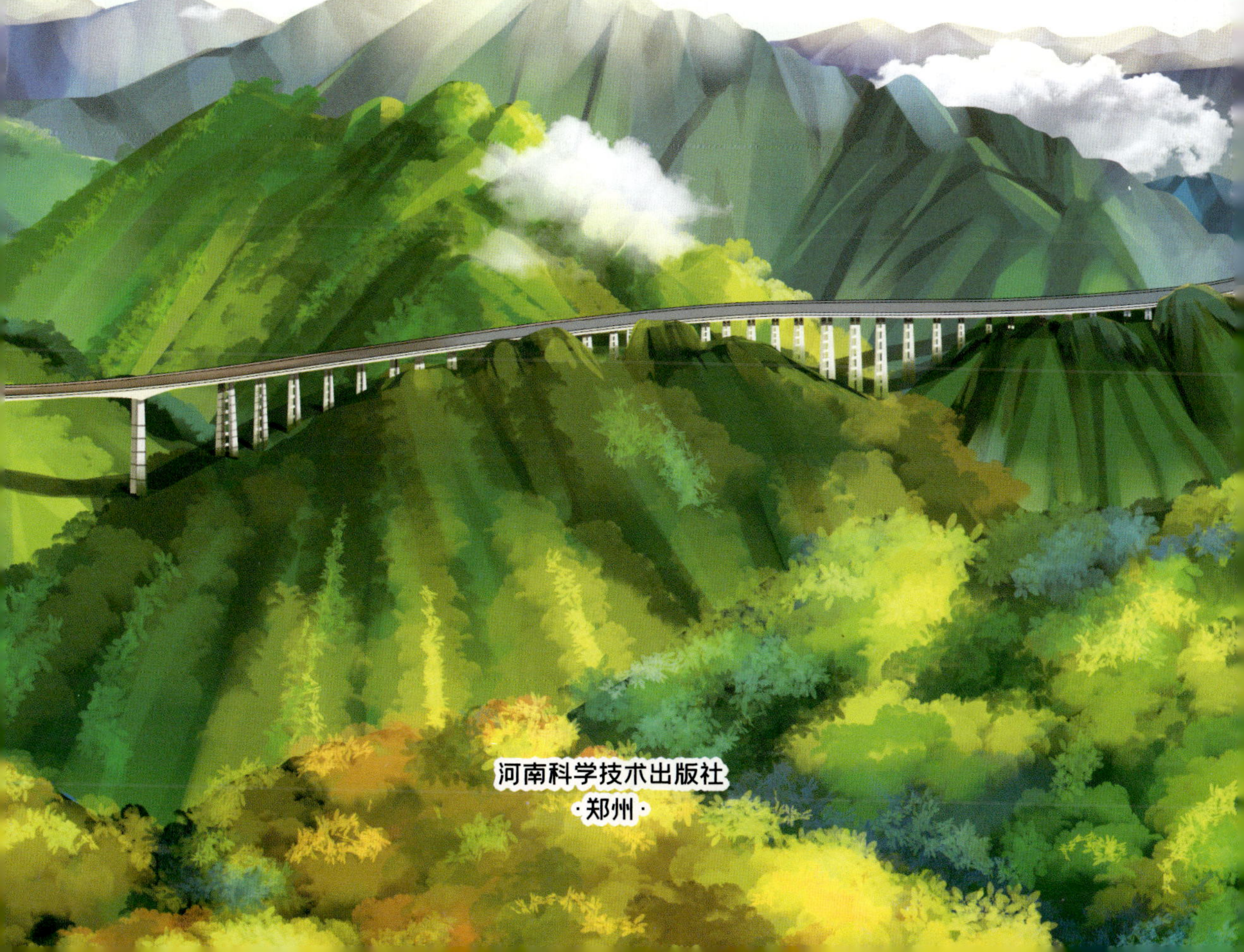

河南科学技术出版社

·郑州·

图书在版编目（CIP）数据

穿越云海 ： 工程奇迹雅西高速 / 陈馈， 王江卡， 周蓓主编． -- 郑州 ： 河南科学技术出版社， 2025. 1.

（中国超级工程丛书）． -- ISBN 978-7-5725-1708-2

Ⅰ． U412.36-49

中国国家版本馆 CIP 数据核字第 2024ZP3123 号

穿越云海：工程奇迹雅西高速 

出版发行：河南科学技术出版社

地址：郑州市郑东新区祥盛街 27 号　　邮编：450016

电话：（0371）65788613　65788642

网址：www.hnstp.cn

出 版 人：乔　辉

策划编辑：牟　斌　刘燕芳　王志强

责任编辑：许逸舒　牟　斌　王志强

责任校对：耿宝文　徐小刚

整体设计：小红帆　祺虎平面

插图绘制：姜　雨　王美伦　赵博文

责任印制：徐海东

印　　刷：涿州市京南印刷厂

开　　本：787 mm × 1092 mm　1/16　印张：4　字数：100 千字

版　　次：2025 年 1 月第 1 版　2025 年 1 月第 1 次印刷

定　　价：49.80 元

谨以此书献给可爱
可敬的工程建设者们

PREFACE / 前言

科技如春风拂面，赋予世界勃勃生机，改变着世界。

如今中国已是科技大国，在基建、航天等领域，我们展翅高飞，创造了令世界瞩目的奇迹。

孩子们是祖国的花朵，是未来的希望，他们见证着祖国的科技辉煌和繁荣昌盛。编著这套图书的初衷，便是让每一个孩子都能领略到工程科技的魅力，感受到工程师的智慧。孩子是天生的小探险家，对世界充满了好奇与渴望。那些卓越的大国工程，对孩子们来说或许有些“高深莫测”，但请相信，我们将用生动、有趣的笔触，将它们呈现给孩子。在这套书中，我们将一起目睹中国高铁的疾驰如飞、大桥的横跨天堑、航天科技的梦幻传奇等。这些工程背后的国之匠心，是工程师们一次次的坚守担当，是他们托举起了强国建设、民族复兴的伟大梦想。

让我们共同翻开这套书，踏上一段奇妙的超级工程之旅。愿孩子们在阅读中收获知识，启迪心灵，培养科技素养，从小增强自信，成为新时代的杰出人才！愿孩子们在未来的日子里，绽放出属于自己的光芒，书写属于自己的传奇！

编者

2024年7月

穿越云海的雅西高速。

在云端筑路的建设者

蜀道自古以来就十分艰难，不仅地形崎岖，而且地质复杂。建设者们在这个地区成功建了一条云端上的高速公路——雅西高速。

整条路基本上都是桥梁连接隧道，很少有路基。而且，随着道路的延伸，海拔会不断提升，建设难度可想而知。工程师们时刻都把遇到的难题放在脑海里，就连走路吃饭的时候，都在琢磨。夜深人静的时候，只有把白天遇到的问题想明白了，才能睡个安稳觉。

那他们究竟是怎样攻破技术难题的呢？

在建设大桥的初期，要做好地质勘探的工作。工程师们会时常下到桥下的河底去看一看，全然不顾淤泥散发出来的臭味，只想看清楚每一个细节，把大桥建得更好。

工程师们为了让桥梁更加安全，需要采集全面的数据。即使遇到极端天气，也毫不畏惧，带着监测设备，爬到几十米甚至是上百米高的大桥上，一待就是几个小时！

雅西高速是工程史上的奇迹，这源于建设者们甘于奉献、不断创新的精神。为了给“筑路大军”提供良好的通信保障，基站的建设人员穿梭于莽林荒野中。由于自然环境过于恶劣，建设人员来回人工搬运了上百趟，才把所有的设备搬运到施工现场。

在泥巴山隧道的施工过程中，发生过一次十分严重的岩爆，如爆炸般剥落的大量岩石会对设备和施工人员造成极大的伤害。隧道的施工充满了风险，而建设桥梁需要高空作业，危险同样如影随形。便道走廊上布满了危石，还潜藏着塌方、滑坡等不可预知的危险。

许多建设者在修建雅西高速时，都曾遭遇过不同程度的危险，但他们不惧危险，勇往直前，利用先进的技术化解了各种危险。这条云端上的高速公路凝结了无数建设者的智慧，洒满了他们辛勤的汗水！

目录

云端上的高速公路 16

长在阶梯上的公路 18

穿越崇山峻岭和大江急流 21

蜀道难 22

特别的干海子特大桥 24

密布地震带也不怕 26

有韧性的桥面 28

70 层楼高的腊八斤大桥 30

艰难环境中建腊八斤大桥 32

泥巴山深埋隧道 34

隧道涌水了如何处理 36

更加坚固、安全的隧道 38

会呼吸的隧道 40

雅西高速公路的连续长纵坡与交通标志牌 42

刹车失灵怎么办 44

爬升坡道的设计方案 46

桥梁和隧道结合的螺旋公路 48

最壮观的瀑布沟库区桥梁群 50

别具一格的隧道群和服务区 52

行驶与通信两不误 54

信息化高速公路 56

天堑变通途 58

后记 60

云端上的高速公路

雅西高速，这条连接四川雅安和西昌的神奇之路，全长 240 千米，是京昆高速在四川境内的一段。你知道吗？雅西高速每前进 1000 米，平均海拔就爬升 7.5 米，整条高速就像挂在天空中一样，美丽得令人惊叹。所以，雅西高速也被称为云端上的高速公路。

天梯高速

雅西高速从盆地到山脉，海拔从 600 米上升到 3200 米，就像登高的梯子，挂在云端。所以，雅西高速又被称为天梯高速公路。

“S”形弯道

为了适应复杂的地形和陡降的坡度，雅西高速很多路段呈“S”形。最典型的是泥巴山南坡，有连续 18 个“S”形弯道。

获“詹天佑奖”工程

2020 年 4 月，雅西高速（雅安至泸沽高速公路）获得第十七届中国土木工程詹天佑奖。这是中国土木工程建设领域科技创新的最高奖项。

长在阶梯上的公路

我国整体的地势呈阶梯式分布，像台阶一样西高东低。青藏高原位于第一级阶梯；四川盆地位于第二级阶梯；东南沿海位于第三级阶梯，地势最低。而雅西高速建在由第一级阶梯向第二级阶梯过渡的地方，地势陡降，山峦嵯峨，环境复杂。

青藏高原

青藏高原平均海拔在4000米以上，与四川盆地落差达3000米左右。

西昌

险峻的过渡带

逐渐抬升的地势没盆底那么光滑，山峦像锥子一样钻出大地。

四川盆地

中国四大盆地之一，盆底海拔 200 ～ 750 米，土地肥沃，被誉为“天府之国”。

拖乌山

拖乌山位于雅安市石棉县与凉山彝族自治州交界处，平均海拔约3000米。拖乌山北坡有长达50多千米的长纵坡，如何爬坡成了工程难题。

大渡河

大渡河位于四川省西部，是长江上游支流岷江的最大支流，全长1155千米。大渡河流域为中国地质灾害高易发区，修建跨河大桥难度很大。

穿越崇山峻岭和大江急流

雅西高速，一条充满挑战与奇迹的道路，它穿越麂子岗、大相岭等险峻山岭，横跨青衣江、大渡河等复杂水系。面对这些天然的屏障，工程师们没有被吓倒，他们反复勘测、精心设计，最后决定用隧道穿越山体，用桥梁跨越河流，再结合公路，巧妙地在这群山大河之间布线。这都展现了工程师们的智慧与勇气。

雅西高速像一条巨大的“盘龙”，在崇山峻岭间穿梭，在滔滔碧波上盘旋。

大相岭

大相岭位于荥经县与汉源县交界处，平均海拔3000米，雅西高速要经过一条深埋隧道穿过此山。

蜀道难

自古以来，就有“蜀道难，难于上青天”的说法，可见要在四川境内修高速公路有多么难。雅西高速位于四川盆地向青藏高原过渡的地带，这一段有连绵不断的高山、深不见底的山谷、汹涌湍急的河流……还有12条断裂带，经常发生地震、泥石流、滑坡、崩塌等地质灾害。

滑坡

滑坡是山体自然斜坡或人工山坡上的一部分岩土在重力作用下，整体下滑、移动的现象，是常见地质灾害之一。

崩塌

崩塌是指较陡斜坡上的岩土在重力作用下突然崩落、滚动、堆积到坡脚的自然地质现象。

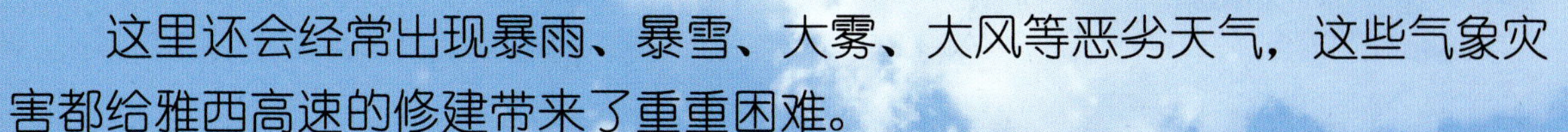

这里还会经常出现暴雨、暴雪、大雾、大风等恶劣天气，这些气象灾害都给雅西高速的修建带来了重重困难。

气候条件恶劣

四川境内多高山峡谷，容易出现暴雪、大雾这样的恶劣天气，特别是拖乌山路段，路面温度长期低于0℃。恶劣的气候条件对交通造成严重的影响。

泥石流

泥石流是指含有大量泥沙和石块的特殊洪流，常见于山地高原地区，特大暴雨或大量冰融水流出时。泥石流具有突发性，以及流速快、流量大等特点，破坏力非常大。